ORAI SEM CESSAR 2

A força de todo cristão

Copidesque: Ana Lúcia de Castro Leite
Diagramação: Juliano de Sousa Cervelin
Capa: Marcelo Tsutomu Inomata

Autoria e compilação de Áurea Cristina de Assis Barreto

ISBN 85-369-0030-X

1ª edição: 2005

9ª impressão

Todos os direitos reservados à **EDITORA SANTUÁRIO** – 2024

Rua Pe. Claro Monteiro, 342 – 12570-045 – Aparecida-SP
Tel.: 12 3104-2000 – Televendas: 0800 - 0 16 00 04
www.editorasantuario.com.br
vendas@editorasantuario.com.br

Apresentação

Graças à bênção de Deus, reunimos neste segundo livro mais algumas orações ungidas, para auxiliar-nos a falar com o "Céu"!

O primeiro livro, *Orai sem Cessar*, é e tem sido, para muitos irmãos, fonte de inesgotável ajuda para aproximarem-se de Deus e dele receberem muitas graças.

Com este segundo livro não será diferente. Temos a certeza de que este pequeno manual de oração também irá ajudar-nos a orar sem cessar.

Cremos que estas orações ajudarão você e sua família a falar mais intimamente com Deus. Não se prenda apenas às orações contidas neste livro, mas vá além das escritas e faça sua oração espontânea.

Fale com Deus, escute-o, e também receba todas as bênçãos que Ele quer derramar sobre você e suas intenções.

Oremos sem cessar!
Deus nos abençoe!

Áurea

Índice

Orações de Adoração
Ficai comigo, Senhor (Pe. Pio).................. 9
Adoração às "qualidades" de Jesus 10
Oração de adoração ao Santíssimo
  Sacramento (Cardeal John
  Henry Newman) 15
Oração de adoração 16

Terços, Novenas e Devoções Marianas
Terço a N. S. das Graças ou Terço
  à Medalha Milagrosa 17
Novena das 90 Salve-Rainhas 18
Oração à Virgem do Silêncio 20
Oração a Nossa Senhora da Saúde 22
Novena (ou tríduo) da Medalha
  Milagrosa ou N. S. das Graças 23

Terço pelos sacerdotes (Paterstério) 27
Novena a São José 28
Ofício de Nossa Senhora da Conceição .. 36
Magnífica 44

Orações Diversas

Ato de fé 47
Ato de esperança 47
Ato de caridade 48
Oração pedindo a bênção de Deus 48
Oração do Jovem 49
Oração pedindo auxílio
 ao Espírito Santo I 50
Oração pedindo auxílio
 ao Espírito Santo II 50
Jaculatória aos Arcanjos São Gabriel,
 São Rafael e São Miguel 51
Jesus, único Senhor (pequeno exorcismo) ... 51
Oração pedindo saúde 52
Oração de Salomão para obter a sabedoria ... 53
Oração de descontaminação 55
Oração para quebrar maldições e magias 56

Oração poderosa da Cruz de Cristo 57
Orações pelas Almas do Purgatório......... 58
Oração da Alma de Cristo 62
Oração de Renúncia I.............................. 63
Oração de Renúncia II 64
Oração para cortar laços
   de hereditariedade 66
Oração para cortar
   dependências negativas..................... 67
Oração de libertação e cura..................... 69
As quinze orações 71
Oração à Sagrada Face 85
Oração para antes das refeições 86
Ato de adoração a Jesus às três horas 86
Oração para libertação
   do descontrole financeiro................... 87
Oração para antes do trabalho 89

Santos
Oração a São José 91
Oração de Santa Edwiges........................ 92
Oração de São Francisco......................... 92

Coroinha de Santa Filomena 93
Oração de Santa Filomena..................... 94
Ladainha de Santa Filomena.................. 95
São Peregrino 99

Orações pela Família
Oração da Sagrada Família 101
Oração do(a) solteiro(a)
   que espera sua(seu) amada(o)........... 102
Oração pedindo bênção para o Namoro ... 104
Oração pedindo bênção para o Noivado ... 105
Oração intercedendo pelo cônjuge........ 106
Oração do esposo a São José 106
Oração da esposa a Maria 108
Terço pelas famílias............................. 109
Oração pela santificação das famílias..... 109
Oração do Papa João Paulo II
   pela família...................................... 110
Oração pelos filhos 111

Orações de Adoração

FICAI COMIGO, SENHOR
(Pe. Pio)

Ficai comigo, Senhor, porque vossa presença me é necessária para não vos ofender. Bem sabeis quão facilmente vos abandono.

Ficai comigo, Senhor, porque eu sou fraco e preciso da vossa fortaleza para não cair tantas vezes.

Ficai comigo, Senhor, porque sois a minha vida e sem vós me esmorece o fervor.

Ficai comigo, Senhor, porque desejo amar-vos muito e estar em vossa companhia.

Ficai comigo, Senhor, se quereis que vos seja fiel.

Ficai comigo, Jesus, porque minha alma com quanto seja pulquérrima, todavia quer ser para vós uma habitação de consolação, um ninho de amor.

Então, ficai comigo, Senhor. Busco somente a vós, o vosso amor, a vossa graça, a vossa vontade, o vosso Espírito, porque vos amo e não peço recompensa alguma, senão o aumento de tudo... amar-vos com perfeição por toda a eternidade.

São Padre Pio, rogai por nós!

ADORAÇÃO ÀS "QUALIDADES" DE JESUS

Nesta oração pode-se usar o Terço. E o mais importante é que você pode criar e escolher o que rezar. Citarei abaixo algumas opções, mas seu coração lhe dirá o que orar quando estiver em Adoração diante do Santíssimo Sacramento.

Começa-se com a reza do Creio, do Pai-nosso e das três Ave-Marias. Depois, contemplam-se os mistérios.

1º mistério: Contemplamos o **amor** que Jesus tem a cada um de nós, amor este capaz de se entregar até à morte para que tivéssemos a salvação, o amparo, e a liberdade de filhos de Deus.

No lugar do Pai-nosso, reza-se: Senhor Jesus, eu vos adoro e agradeço por vosso amor eterno a cada ser humano. Obrigado(a), porque não medistes esforços para realizar os planos de Deus a nosso respeito. Eu vos amo Jesus, porque primeiro fostes vós que me amastes.

Nas 10 Ave-Marias, repita: Jesus, eu vos louvo e adoro, porque nos ama com amor eterno.

2º mistério: Contemplamos o **perdão** que todos os dias Jesus tem para nos oferecer.

No lugar do Pai-nosso, reza-se: Senhor Jesus, eu vos adoro e agradeço porque vosso perdão faz parte constante de nossa vida. Obrigado(a), Jesus, porque todos os dias quando nos arrependemos, encontramos vossos abraços a nos acolher. Amamo-vos, Jesus, porque tantas vezes em vossa vida pública perdoastes os pecadores. E, com isso, nos ensinastes a importância de buscar e de dar o perdão.

Nas 10 Ave-Marias, repita: Jesus, eu vos louvo e adoro, porque o vosso perdão pode ser alcançado por todos os que se arrependem.

3º mistério: Contemplamos o **acolhimento** com que Jesus recebe a todos os pequeninos.

No lugar do Pai-nosso, reza-se: Senhor Jesus, eu vos adoro e agradeço porque sempre tivestes no rosto e no coração a expressão acolhedora, e até hoje sabemos que todas as vezes que de vós nos aproximamos, vós nos acolheis com amor e interesse. Eu vos agradeço, Senhor, porque é esse acolhimento que faz com que nossa alma encontre a verdadeira paz e consolo ainda aqui na terra.

Nas 10 Ave-Marias, repita: Jesus, eu vos louvo e adoro, porque sempre vos colocais à disposição dos vossos amados.

4º mistério: Contemplamos a **providência** que recebemos diariamente das mãos amorosas de Jesus.

No lugar do Pai-nosso, reza-se: Senhor Jesus, eu vos adoro e agradeço porque em todas as nossas necessidades tendes providenciado magnificamente a solução para nós. Quando naquele tempo de sua vida aqui na terra, fizestes o milagre da multiplicação dos pães e peixes, quisestes ensinar-nos que sempre que precisássemos de qualquer coisa, desde que fosse para o bem da nossa alma, e edificação da Igreja, vós atenderíeis. Por isso, Senhor, podemos sempre contar com a vossa providência em todas as necessidades da nossa vida terrena. Obrigado(a), Jesus, porque não estamos desamparados!

Nas 10 Ave-Marias, repita: Jesus, eu vos louvo e adoro, porque em todas as nossas necessidades a vossa providência se faz presente.

5º mistério: Contemplamos a **esperança** que diariamente Jesus vem plantar em nossos corações.

No lugar do Pai-nosso, reza-se: Senhor Jesus, eu vos adoro e agradeço porque, por meio dos vossos ensinamentos e sofrimentos, aprendemos a não perder a fé e a esperança. Obrigado, Jesus, por vossa promessa de nunca nos deixardes sozinhos. Obrigado, Jesus, porque o vosso Espírito Santo é um presente para todos nós; e esse mesmo Espírito vem encher-nos de fé, esperança, alegria, consolação, fortaleza... e muitos outros presentes dos quais necessitamos. Convosco, Jesus, aprendemos a sempre confiar no Pai.

Nas 10 Ave-Marias, repita: Jesus, eu vos louvo e adoro, porque renovais diariamente em nós a graça da esperança e da fé.

Oração final: *Faça uma oração espontânea neste momento. Você está diante do Rei, do Senhor, do Mestre, do Amigo Jesus. Olhe para Ele, e deixe que Ele olhe dentro do seu coração. Seja grato(a) por todo o amor, por* *toda a presença e por todo o milagre que Jesus já realizou e vai realizar na sua vida.*

ORAÇÃO DE ADORAÇÃO AO SANTÍSSIMO SACRAMENTO
(Cardeal John Henry Newman)

Meu Salvador, ponho-me agora na tua presença, mas sei que já estou diante de ti todo o tempo. Adoro-te aqui presente como Deus e como homem, em alma e corpo, em verdadeira carne e sangue. Creio firmemente que me ajoelho diante da mesma Sagrada Humanidade que foi concebida no ventre de Maria e repousou no seu seio, que cresceu até os doze anos, realizou milagres e pronunciou palavras de sabedoria e paz, que ao devido tempo carregou a cruz, jazeu no sepulcro, ressuscitou da morte e agora reina no céu. Eu te louvo e bendigo, e me entrego completamente a ti, que és o verdadeiro Pão de minha alma e minha alegria eterna. Amém.

ORAÇÃO DE ADORAÇÃO

Meu Senhor, eu te quero, eu te adoro, eu te anseio infinitamente.

Peço que fiques sempre em mim para me fortalecer; sobre mim para me abençoar; e com seu amor infinito, sempre, sempre me amar. Amém.

Terços, Novenas e Devoções Marianas

TERÇO A N. S. DAS GRAÇAS OU TERÇO À MEDALHA MILAGROSA

Início (Oração comum do Terço): Sinal da cruz, um Pai-nosso, três Ave-Marias, e um Glória ao Pai.

Oferecimento do Terço: Ó Mãe das Graças, venho humildemente à vossa presença apresentar, nesta simples oração do Terço, meu pedido especial *(fazer o pedido)*. Em vós confio como mãe e intercessora; entrego minha vida aos vossos cuidados, confiante de que tudo o que agora vos apresento chegará com urgência e amor ao coração do vosso Filho Jesus. Pois ninguém até hoje ficou decepcionado quando contou com a vossa intercessão. Salve, Maria.

Nas contas do Pai-nosso: Virgem Imaculada! Minha mãe, Maria! Eu renovo, hoje e sempre, a consagração de todo o meu ser, para que disponhais de mim, para o bem de todos. Somente peço que eu possa, minha rainha e mãe da Igreja, cooperar fielmente com a vossa missão de construir o Reino do vosso Filho Jesus no mundo. Para isso, ofereço-vos minhas orações, meus sacrifícios e minhas ações.

Ó Maria, concebida sem pecado, rogai por nós que recorremos a vós, e por todos quantos não recorrem a vós, especialmente pelos inimigos da Santa Igreja e por todos quantos são a vós recomendados.

Nas contas das Ave-Marias: Ó Maria, concebida sem pecado, rogai por nós que recorremos a vós.

Oração final do Terço: Salve-Rainha.

NOVENA DAS 90 SALVE-RAINHAS
Reza-se, durante 9 dias, 90 Salve-Rainhas (por dia).

Quando rezamos está bela oração da Salve-Rainha, estamos nos dirigindo a Nossa Senhora, como ela sendo nossa própria mãe.

Maria é a rainha do céu, a mãe que cuida de toda a humanidade e de todos nós. Quando rezamos esta oração estamos pedindo ajuda: *bradar* quer dizer pedir, gritar por socorro; e *degredados* são aqueles que são obrigados a viver longe, presos, sozinhos. Assim, nós, que estamos na terra, longe do céu e de Maria, pedimos sua ajuda, às vezes um pouco tristes com os problemas que temos de enfrentar todos os dias.

Maria é como uma advogada para nós, isto é, uma pessoa que procura resolver nossas dificuldades. Por isso, podemos pedir à mãe de Deus que olhe para nós, isto é, ajude-nos no que for preciso.

Início: Sinal da cruz.

Oferecimento: Ofereça espontaneamente esta novena a Maria, pedindo sua intercessão por alguma intenção especial, confiante de que a Mãe de Jesus e nossa está atendendo prontamente nosso pedido, se este for para o bem de nossa alma.

Oração *(rezar 90 vezes):* Salve, Rainha, Mãe de misericórdia, vida, doçura, esperança nossa, salve! A vós, bradamos os degredados filhos de Eva, a vós, suspiramos, gemendo e chorando neste vale de lágrimas. Eia, pois, advogada nossa, esses vossos olhos misericordiosos a nós volvei, e depois deste desterro, mostrai-nos Jesus, bendito o fruto do vosso ventre, ó Clemente, ó Piedosa, ó Doce, sempre Virgem Maria.

Final: Rogai por nós, Santa Mãe de Deus. Para que sejamos dignos das promessas de Cristo. Amém. *(Três vezes)*

ORAÇÃO À VIRGEM DO SILÊNCIO

Nossa Senhora, a Virgem do Silêncio, venho pedir tua intercessão para que eu possa, a teu exemplo, saber ser uma pessoa de oração, de silêncio, de humildade, de fé e principalmente confiante em Deus.

Com alegria podemos ler nos Evangelhos o relato de tuas virtudes, entre elas que "guardavas tudo meditando no coração". Ensina-me Senhora, com tua intercessão, a ser semelhante a ti no amor a Deus e no "silêncio" de oração aqui na terra.

Quantas vezes, Senhora, certamente calaste diante das dificuldades e não pecaste na murmuração. Quantas vezes, neste silêncio do coração, tua voz interior falava com Deus. Como foste, ainda és e serás sempre exemplo de vida para teus filhos.

Senhor Jesus, ensina-nos a não responder sem amor a nenhuma criatura, assim como sua Mãe jamais o fez aqui nesta terra. Retira de nós o pecado da fofoca, da intriga, e todos os outros pecados que começam na mente e exalam sua maldade pela língua. Intercede por nós, Mãe, junto a Jesus, para que nos purifique de todo mal, de todo falatório ofensivo a mim mesmo, falatório sobre certas situações, pessoas ou até mesmo ofensas contra Deus.

Virgem do Silêncio, consagro hoje meus sentidos a tua Imaculada Conceição e peço que intercedas diariamente a teu Filho para que eu possa alcançar a graça de testemunhá-lo sempre, sem nunca ofender ao Céu. Amém.

ORAÇÃO A NOSSA SENHORA DA SAÚDE

Virgem puríssima, que sois a saúde dos enfermos, o refúgio dos pecadores, a consoladora dos aflitos e a despenseira de todas as graças, na minha fraqueza e no meu desânimo, apelo hoje para os tesouros da vossa divina misericórdia e bondade e atrevo-me a chamar-vos pelo doce nome de Mãe.

Sim, ó Mãe, atendei-me em minha enfermidade, dai-me a saúde do corpo, para que possa cumprir os meus deveres com ânimo e alegria, e com a mesma disposição sirva ao vosso Filho Jesus e agradeça a vós, Saúde dos enfermos.

Nossa Senhora da Saúde, rogai por nós!

NOVENA (OU TRÍDUO) DA MEDALHA MILAGROSA OU N. S. DAS GRAÇAS

Todos os dias: *Contemple a oração do dia.*

Reza-se: *Três Ave-Marias, acrescentando no final de cada uma:* Ó Maria, concebida sem pecado, rogai por nós que recorremos a vós.

Oração final: Santíssima Virgem, eu creio e confesso vossa Santa e Imaculada Conceição, pura e sem mancha. Ó puríssima Virgem Maria, por vossa Conceição Imaculada e gloriosa prerrogativa de Mãe de Deus, alcançai-me de vosso amado Filho a humildade, a caridade, a obediência, a castidade, a santa pureza de coração, de corpo e de espírito, a perseverança na prática do bem, uma santa vida e uma boa morte, e a graça *(dizer a graça que necessita)* que peço com toda a confiança. Amém!

1º dia — 1ª Aparição

Contemplemos a Virgem Imaculada, em sua primeira aparição a Santa Catarina de

Labouré. A piedosa noviça, guiada por seu anjo da Guarda, é apresentada à Imaculada Senhora. Consideremos sua inefável alegria. Seremos também felizes como Santa Catarina, se trabalharmos com ardor em nossa santificação. Gozaremos as delícias do Paraíso, se nos privarmos dos gozos terrenos.

2º dia — Lágrimas de Maria

Contemplemos Maria, chorando sobre as calamidades que viriam sobre o mundo, pensando que o coração de seu filho seria ultrajado, a cruz escarnecida e seus filhos prediletos perseguidos. Confiemos na Virgem compassiva e também participaremos do fruto de suas lágrimas.

3º dia — Proteção de Maria

Contemplemos nossa Imaculada Mãe, dizendo em suas aparições a Santa Catarina: "Eu mesma estarei convosco: não vos perco de vista e vos concederei abundantes graças".

Sede para nós, Virgem Imaculada, o escudo e a defesa em todas as nossas necessidades.

4º dia — 2ª Aparição

Estando Santa Catarina Labouré em oração, em 27 de Novembro de 1830, apareceu-lhe a Virgem Maria, formosíssima, esmagando a cabeça da serpente infernal. Nessa aparição, vê-se seu desejo imenso de nos proteger sempre contra o inimigo de nossa salvação. Invoquemos a Imaculada Mãe com confiança e amor!

5º dia — As mãos de Maria

Contemplemos, hoje, Maria desprendendo de suas mãos raios luminosos: "Estes raios, disse ela, são a figura das graças que derramo sobre todos aqueles que me as pedem e aos que trazem com fé minha medalha".

Não desperdicemos tantas graças! Peçamos com fervor, humildade e perseverança, e Maria Imaculada nô-las alcançará.

6º dia — 3ª Aparição

Contemplemos Maria, aparecendo a Santa Catarina, radiante de luz, cheia de bondade, rodeada de estrelas, e mandando cunhar uma medalha prometendo a todos que a trouxerem, com devoção e amor, muitas graças. Guardemos fervorosamente a santa Medalha e, como escudo, ela nos protegerá nos perigos.

7º dia da Novena ou 1º dia do Tríduo

Ó Virgem Milagrosa, Rainha excelsa, imaculada Senhora, sede minha advogada, meu refúgio e asilo nesta terra, minha fortaleza e defesa nesta terra, minha fortaleza e defesa na vida e na morte, meu consolo e minha glória no céu.

8º dia da Novena ou 2º do Tríduo

Ó Virgem Imaculada da Medalha Milagrosa, fazei que esses raios luminosos, que irradiam de vossas mãos virginais, iluminem minha inteligência para melhor conhecer o bem, e abrasem meu coração com vivos sentimentos de fé, esperança e caridade.

9º dia da Novena ou 3º do Tríduo

Ó Mãe Imaculada, fazei que a cruz de vossa Medalha brilhe sempre diante de meus olhos, suavizai as penas da vida presente e conduzi-me à vida eterna.

TERÇO PELOS SACERDOTES
(Paterstério)

O Paterstério consiste na oração de trinta e três Pai-nossos, rezados em um Terço bizantino de trinta e três contas.

Cada Pai-nosso é rezado na intenção de um Padre, conhecido ou não. Somente um amor sem limites e sem julgamentos pode conduzir a inteligência humana ao conhecimento da verdade.

Modo de rezar: Sinal da cruz, Credo, três Ave-Marias, pelos Bispos e padres do mundo inteiro, o primeiro Pai-nosso pelo Papa, os trinta e três Pai-nossos, rezados de três em três, intercalados pelo Glória ao Pai (um Pai-nosso por padre). Ao final: Glória ao Pai, Salve-Rainha e Sinal da cruz.

NOVENA A SÃO JOSÉ
(De 10 a 19 de março, de 22 de abril a 1º de maio, ou em qualquer outro tempo)

1º dia: São José, Pai Nutrício de Jesus
Amabilíssimo São José, que tivestes a honra de alimentar, educar e abraçar o Messias, a quem tantos profetas e reis desejaram ver e não viram, obtende-me, com o perdão de minhas culpas, a graça da oração humilde e confiante que tudo alcança de Deus. Acolhei com bondade paternal os pedidos que vos faço nesta Novena *(fazer os pedidos)* e apresentai-os a Jesus, que se dignou vos obedecer na terra. Amém.

Rogai por nós, São José, pai Nutrício de

Jesus, para que sejamos dignos das promessas de Cristo!

Oração final (para todos dos dias):

Ó Deus, que por uma inefável Providência vos dignastes escolher o bem-aventurado São José para esposo de vossa Mãe Santíssima, concedei-nos que aquele mesmo, que na terra veneramos como protetor, mereçamos tê-lo no céu por nosso intercessor. Vós, que viveis e reinais por todos os séculos. Amém.

2º dia: São José, Esposo da Mãe de Deus

São José, castíssimo Esposo da Mãe de Deus e Guarda fiel de sua virgindade: obtende-me por Maria a pureza do corpo e da alma e a vitória em todas as tentações e dificuldades. Recomendo-vos também os esposos cristãos, para que, unidos com sincero amor e fortalecidos pela graça, se amparem mutuamente nos sofrimentos e tribulações da vida. Amém.

Rogai por nós, São José, Esposo da Mãe de Deus, para que sejamos dignos das promessas de Cristo!
Oração final (ver 1º dia)

3º dia: São José, Chefe da Sagrada Família

Glorioso São José, que gozastes, durante tantos anos, da presença e filial afeição de Jesus, a quem tivestes a responsabilidade de alimentar e vestir, juntamente com vossa Santíssima Esposa, eu vos suplico me alcanceis o dom inefável de sempre viver em união com Deus pela graça santificante. Obtende também para os pais cristãos a graça do fiel cumprimento de seus graves deveres de educadores, e, aos filhos, o respeito e a obediência, segundo o exemplo do Menino Jesus. Amém.

Rogai por nós, São José, Chefe da Sagrada Família, para que sejamos dignos das promessas de Cristo!
Oração final (ver 1º dia)

4º dia: São José, Exemplo de Fidelidade

Fidelíssimo São José, que nos destes tão belo exemplo no fiel cumprimento de vossos deveres de Protetor da Santíssima Virgem e de Pai Nutrício do Redentor, rogo-vos me obtenhais a graça de imitar vosso exemplo na fidelidade a todos os deveres de meu estado de vida. Ajudai-me a ser fiel nas coisas pequenas, para o ser também nas grandes. Alcançai essa mesma graça para todos os que me são caros nesta vida, a fim de chegarmos a gozar no céu o prêmio, prometido aos que forem fiéis até a morte. Amém.

Rogai por nós, São José, Exemplo de Fidelidade, para que sejamos dignos das promessas de Cristo!

Oração final (ver 1º dia)

5º dia: São José, Espelho de Paciência

Bondoso São José, que suportastes com heroica paciência as provações e adversidades na viagem a Belém, na fuga para o Egito e durante a vida oculta em Nazaré, e me destes o exemplo de admirável conformidade com a vontade de Deus, obtende-me a virtude da paciência nas dificuldades de cada dia. Alcançai também invencível paciência a todos os que suportam pesadas cruzes, a fim de que se unam sempre mais a Jesus, divino modelo de mansidão e paciência. Amém.

Rogai por nós, São José, Espelho de paciência, para que sejamos dignos das promessas de Cristo!

Oração final (ver 1º dia)

6º dia: São José, Modelo dos Operários

Humilde São José, que, vivendo em pobreza, dignificastes vossa profissão pelo trabalho constante e vos sentistes feliz em servir a Jesus e Maria com o fruto de vossos suores, alcançai-me amor ao trabalho, que me foi imposto como dever de estado, procurando cumprir nisto sempre a vontade de Deus.

Protegei os lares dos Operários do Brasil contra as influências nefastas dos inimigos de Cristo e da Santa Igreja. Obtende-lhes a graça de santificarem seu trabalho pela reta intenção, em tudo conformados com os desígnios da Divina Providência. Amém.

Rogai por nós, São José, Modelo dos Operários, para que sejamos dignos das promessas de Cristo!

Oração final (ver 1º dia)

7º dia: São José, Protetor da Santa Igreja

Glorioso Patriarca São José, protetor e Padroeiro da Igreja Universal, obtende-me a graça de amar a Igreja como Mãe e de honrá-la como verdadeiro discípulo de Cristo. Rogo-vos que veleis sobre seu Corpo Místico, como outrora velastes sobre Jesus e Maria. Protegei o santo Padre, o Papa, os Bispos, os Sacerdotes e os Religiosos. Alcançai-lhes santidade de vida e eficácia no apostolado. Guardai a inocência da infância, a castidade da juventude, a honestidade do lar, a ordem e a paz na Sociedade. Amém.

Rogai por nós, São José, Protetor da Igreja, para que sejamos dignos das promessas de Cristo!

Oração final (ver 1º dia)

8º dia: São José, Esperança dos Enfermos

Compassivo São José, esperança dos doentes e necessitados, valei-me em todas as enfermidades e tribulações, alcançando-me plena conformidade com os admiráveis desígnios de Deus. Obtende-me também para mim e para todos, pelos quais rezo nesta Novena, a cura das enfermidades espirituais que são as paixões desordenadas, fraquezas, faltas e pecados, e protegei-nos contra as tentações do inimigo de nossa salvação. Amém.

Rogai por nós, São José, Esperança dos enfermos, para que sejamos dignos das promessas de Cristo!

Oração final (ver 1º dia)

9º Dia: São José, Padroeiro dos Moribundos

Ditoso São José, que morrendo nos braços de Jesus e Maria partistes deste mundo ornado de virtudes e enriquecido de méritos. Assisti-me na hora suprema e decisiva de minha vida contra os ataques do poder infernal. Obtende-me a graça de morrer confortado com os santos Sacramentos, necessários para minha salvação. Tendo compaixão de todos os agonizantes, alcançando-lhes a graça da salvação por intermédio de Maria, vossa Santíssima Esposa. Amém.

Rogai por nós, São José, Padroeiro dos Moribundos, para que sejamos dignos das promessas de Cristo!

Pode-se acrescentar todos os dias:

Glorioso São José, que fostes exaltado pelo eterno Pai, obedecido pelo Verbo Encarnado, favorecido pelo Espírito Santo e amado pela Virgem Maria, louvo e bendigo à Santíssima Trindade pelos privilégios e méritos com que vos enriqueceu. Sois poderosíssimo e jamais se ouviu dizer que alguém tenha recorrido a vós e fosse por vós desamparado. Sois o consolador dos aflitos, o amparo dos míseros e o advogado dos pecadores. Acolhei, pois, com bondade paternal a quem vos invoca com filial confiança e alcançai-me as graças que vos peço nesta Novena *(dizer a graça)*. Eu vos escolho por meu especial Protetor. Sede, depois de Jesus e Maria, minha consolação nesta terra, meu refúgio nas desgraças, meu guia nas incertezas, meu conforto nas tribulações, meu pai solícito em todas as necessidades. Obtende-me, finalmente, como coroa de vossos favores, uma boa e santa morte, na graça de nosso Senhor. Assim Seja.

OFÍCIO DE NOSSA SENHORA DA CONCEIÇÃO

Este Ofício foi escrito na Itália, no século XV, pelo franciscano Bernardino de Bustis, e aprovado pelo Papa Inocêncio XI em

1678. Uma antiga tradição diz que Nossa Senhora ajoelha-se no céu quando alguém na terra reza este Ofício.

Matinas e laudes (manhã e madrugada)
Deus vos salve Virgem, Filha de Deus Pai! Deus vos salve Virgem, Mãe de Deus Filho! Deus vos salve Virgem, Esposa do Divino Espírito Santo! Deus vos salve Virgem, Templo e Sacrário da Santíssima Trindade! Agora, lábios meus, dizei e anunciai os grandes louvores da Virgem Mãe de Deus. Sede em meu favor, Virgem soberana, livrai-me do inimigo com o vosso valor. Glória seja ao Pai, ao Filho e ao Amor também, que é um só Deus em três Pessoas, agora e para sempre, e sem fim. Amém.
Hino
Deus vos salve, Virgem, Senhora do mundo, Rainha dos céus e das virgens, Virgem. Estrela da manhã, Deus vos salve, cheia de graça divina, formosa e louçã. Dai pressa, Senhora, em favor do mundo, pois vos reco-

nhece como defensora. Deus vos nomeou já desde toda a eternidade, para a Mãe do Verbo, com o qual criou terra, mar e céus. E vos escolheu, quando Adão pecou, por esposa de Deus. Deus vos escolheu, e já muito dantes em seu tabernáculo morada lhe deu. Ouvi, Mãe de Deus, minha oração. Toquem vosso peito os clamores meus.

Oração

Santa Maria, Rainha dos céus, Mãe de nosso Senhor Jesus Cristo, Senhora do mundo, que a nenhum pecador desamparais nem desprezais. Ponde, Senhora, em mim os olhos de vossa piedade e alcançai-me de vosso amado Filho o perdão de todos os meus pecados, para que eu, que agora venero com devoção a vossa santa e Imaculada Conceição, mereça na outra vida alcançar o prêmio da bem-aventurança, por mercê de vosso benditíssimo Filho, Jesus Cristo, nosso Senhor, que, com o Pai e o Espírito Santo, vive e reina para sempre. Amém.

Prima (6 horas da manhã)

Sede em meu favor etc. Glória seja ao Pai etc.

Hino

Deus vos salve, mesa para Deus ornada, coluna sagrada, de grande firmeza; Casa dedicada a Deus sempiterno, sempre preservada Virgem do pecado. Antes que nascida, fostes, Virgem, santa, no ventre ditoso de Ana concebida. Sois Mãe criadora dos mortais viventes. Sois dos Santos porta, dos Anjos Senhora. Sois forte esquadrão contra o inimigo, estrela de Jacó, refúgio do cristão. A Virgem, a criou Deus no Espírito Santo, e todas as suas obras, com elas as ornou. Ouvi, Mãe de Deus, minha oração. Toquem vosso peito os clamores meus.

Oração

Santa Maria, Rainha dos céus etc.

Terça (9 horas da manhã)

Sede em meu favor etc. Glória seja ao Pai etc.

Hino

Deus vos salve, trono do grão Salomão, arca de concerto, velo de Gedeão; íris do céu clara, sarça de visão, favo de Sansão, florescente vara; a qual escolheu para ser Mãe sua, e de vós nasceu o Filho de Deus. Assim vos livrou da culpa original, nenhum pecado há em vós sinal. Vós, que habitais lá nessas alturas, e tendes vosso Trono sobre as nuvens puras. Ouvi, Mãe de Deus, minha oração. Toquem em vossos peitos os clamores meus.

Oração

Santa Maria, Rainha dos céus etc.

Sexta (meio-dia)

Sede em meu favor etc. Glória seja ao Pai etc.

Hino

Deus vos salve, Virgem de trindade templo, alegria dos anjos, da pureza exemplo; que alegrais os tristes, com vossa clemência, horto de deleite, palma da paciência. Sois terra bendita e sacerdotal. Sois de castidade símbolo real. Cidade do Altíssimo, porta oriental; sois a mesma graça, Virgem singular. Qual lírio cheiroso, entre espinhas duras, tal sois vós, Senhora entre as criaturas. Ouvi, Mãe de Deus, minha oração. Toquem em vosso peito os clamores meus.

Oração
Santa Maria, Rainha dos céus etc.

Nona (3 horas da tarde)
Sede em meu favor etc. Glória seja ao Pai etc.
Hino
Deus vos salve, cidade de torres guarnecida, de Davi, com armas bem fortalecida. De suma caridade sempre abrasada, do dragão a força foi por vós prostrada. A mulher tão forte! A invicta Judite! Que vós alentastes o sumo Davi. Do Egito o curador, de Raquel nasceu: Do mundo o Salvador Maria no-lo deu. Toda é formosa minha companhei-

ra, nela não há mácula da culpa primeira. Ouvi, Mãe de Deus, minha oração, toquem o vosso peito os clamores meus.

Oração

Santa Maria, Rainha dos céus etc.

Vésperas (6 horas da tarde)

Sede em meu favor etc. Glória seja ao Pai etc.

Hino

Deus vos salve, relógio, que, andando atrasado, serviu de sinal ao Verbo Encarnado. Para que o homem suba às sumas alturas, desce Deus dos céus para as criaturas. Com os raios claros do Sol da Justiça, resplandece a Virgem, dando ao sol cobiça. Sois lírio formoso que cheiro respira entre os espinhos. Da serpente a ira vós a quebrantais com o vosso poder. Os cegos errados vós alumiais. Fizestes nascer Sol tão fecundo, e como com nuvens cobristes o mundo. Ouvi, Mãe de Deus, minha oração. Toquem vosso peito os clamores meus.

Oração
Santa Maria, Rainha dos céus etc.

Completas (9 horas da noite)
Rogai a Deus, vós, Virgem, nos converta, que a sua ira aparte de nós. Sede em meu favor etc. Glória seja ao Pai etc.
Hino
Deus vos salve, Virgem Imaculada, Rainha de clemência, de estrelas coroada. Vós sobre os Anjos sois purificada; de Deus à mão direita estais de ouro ornada. Por vós, Mãe de graça, mereçamos ver Deus nas alturas, com todo o prazer. Pois sois esperança dos pobres errantes, e seguro porto dos navegantes. Estrela do mar e saúde certa, e porta que estais para o céu aberta. É óleo derramado, Virgem, Vosso nome, e os vossos servos vos hão sempre amados. Ouvi, Mãe de Deus, minha oração. Toquem vosso peito os clamores meus.

Oração
Santa Maria, Rainha dos céus etc.

Oferecimento
Humildes oferecemos a vós, Virgem pia, estas orações, porque, em vossa guia, ides vós adiante. E, na agonia, vós nos animeis, ó doce Virgem Maria. Amém.

MAGNÍFICA *(Lc 2,46-55)*
Minha alma glorifica ao Senhor, meu espírito exulta de alegria em Deus meu salvador, porque olhou para sua pobre serva.

Por isto, desde agora, me proclamarão bem-aventurada todas as gerações, porque realizou em mim maravilhas aquele que é poderoso e cujo nome é Santo.

Sua misericórdia se estende, de geração em geração, sobre os que o temem.

Manifestou o poder do seu braço: desconcertou os corações dos soberbos.

Derrubou do trono os poderosos e exaltou os humildes.

Saciou de bens os indigentes e despediu de mãos vazias os ricos.

Acolheu a Israel, seu servo, lembrado de sua misericórdia, conforme prometera a nossos pais, em favor de Abraão e sua posteridade, para sempre.

Orações Diversas

ATO DE FÉ

Eu creio firmemente que há um só Deus, em três pessoas realmente distintas: Pai, Filho e Espírito Santo; que dá o céu aos bons e o inferno aos maus. Creio que o Filho de Deus se fez homem, padeceu e morreu na cruz para nos salvar, e que ao terceiro dia ressuscitou.

Creio em tudo o mais que crê e ensina a Santa Igreja Católica Apostólica Romana, porque Deus, verdadeiramente, lho revelou. Nesta crença quero viver e morrer.

ATO DE ESPERANÇA

Eu espero, meu Deus, em ti, com firme confiança, que, pelos merecimentos de Jesus, me darás a salvação eterna e as graças necessárias para consegui-la. Tu, que és sumamente bom e poderoso, o prometeste a quem observar fielmente teus mandamentos, como me proponho a fazer com teu auxílio.

ATO DE CARIDADE

Eu te amo, meu Deus, de todo o meu coração e sobre todas as coisas. Porque és infinitamente bom e amável, e antes quero perder tudo o que te ofender. Por amor a ti, amo o meu próximo como a mim mesmo.

ORAÇÃO PEDINDO A BÊNÇÃO DE DEUS

(Pode e deve ser rezada diariamente)

"Se vós me abençoardes, alargando meus limites, se vossa mão estiver comigo para me preservar da desgraça e me poupar da aflição!... E Deus lhe concedeu o que tinha pedido" (1Cr 4,10).

Confiante na tua Palavra, Senhor, que concede a bênção a quem lhe pede, venho humildemente a ti, para clamar tua ação na minha vida. Clamo, Senhor, por tua bênção, prosperidade, saúde, sucesso... Enfim, Senhor, clamo tua bênção especial para mim e para minha família. Amém.

ORAÇÃO DO JOVEM

Senhor, a ti, que és o amor, a esperança, o refúgio para minha alma, entrego hoje meu coração de jovem sonhador. Entrego, Senhor Jesus, minha mente de jovem contestador e minha incansável busca de mim mesmo.

Entrego também, Senhor, meu futuro, minha família, meus estudos e meus amigos. Coloco em tuas mãos minha vocação, e peço que me guies por caminhos certos, a fim de bem viver minha vida nesta terra. Conduza-me sempre, Senhor, pelos caminhos em que sempre irei reconhecê-lo como Senhor, amigo e Salvador. Amém.

ORAÇÃO PEDINDO AUXÍLIO AO ESPÍRITO SANTO I

Ó Espírito Santo, amor do Pai e do Filho, inspirai-me sempre o que devo pensar, o que devo dizer, como o devo dizer. O que devo calar, o que devo escrever, como devo agir, o que devo fazer para obter a vossa glória, o bem das almas e minha própria santificação. Amém.

ORAÇÃO PEDINDO AUXÍLIO AO ESPÍRITO SANTO II

Inspirai-me, Espírito Santo, para que meus pensamentos sejam santificados.

Agi em mim, Espírito Santo, e amarei apenas o que for santo.

Fortalecei-me, Espírito Santo, e eu defenderei tudo o que for sagrado.

Protegei-me, Espírito Santo, para que eu possa ser para sempre santo e sagrado. Amém. *(Atribuído a Santo Agostinho)*

JACULATÓRIA AOS ARCANJOS SÃO GABRIEL, SÃO RAFAEL E SÃO MIGUEL

São Gabriel com Maria, São Rafael com Tobias, São Miguel com todas as hierarquias, abri para *(dizer o nome da pessoa, ou pessoas, ou alguma situação)* estas vias.

Dizer várias vezes esta jaculatória, podendo usar o Terço Mariano para a repetição desta oração.

Quando dizemos "abri estas vias", queremos pedir para que se abram as vias para a saúde, a prosperidade, a paz, o amor... Enfim, para que aconteça a vontade de Deus a respeito do que rezamos, pela intercessão dos Arcanjos.

JESUS, ÚNICO SENHOR
(Pequeno exorcismo)

"Levanta-se Deus: eis que se dispersam seus inimigos, e fogem diante dele os que o odeiam. Eles se dissipam como a fumaça, como a cera que se derrete ao fogo. Assim perecem os maus diante de Deus."

Todos os maus se dispersam, Senhor, porque em vossa presença poderosa, santa, todo o mal se submete, toda tristeza, depressão, maldade, julgamento, ódio, intriga, inveja, maledicência, doença... Tudo se dispersa, porque vós sois o Senhor soberano de tudo o que está sobre a terra.

Sois, Senhor, justo, santo e poderoso. Meu único Senhor, por isso eu renuncio a todos os males, e peço-vos, Senhor Jesus, que vos levante em minha vida, em minha vontade, em minha inteligência, em todo o meu ser.

"Os justos, porém, exultam e se rejubilam em sua presença, e transbordam de alegria." Amém. *(Trechos do Salmo 67)*

ORAÇÃO PEDINDO SAÚDE

Sempre Virgem Mãe de Deus, ternura que nunca ilude, por vosso Amor a Jesus que vos deu toda a virtude, fazei-me forte em minh'alma e a meu corpo dai saúde. *(Pe. Saraiva)*

ORAÇÃO DE SALOMÃO PARA OBTER A SABEDORIA

Livro Bíblico da Sabedoria 9 (reze várias vezes)

"Deus de nossos pais, e Senhor de misericórdia, que todas as coisas criastes pela vossa palavra, e que, por vossa sabedoria, formastes o homem para ser o senhor de todas as vossas criaturas, governar o mundo na santidade e na justiça, e proferir seu julgamento na retidão de sua alma, dai-me a sabedoria que partilha do vosso trono, e não me rejeiteis como indigno de ser um dos vossos filhos.

(...) Sou um homem fraco, cuja existência é breve, incapaz de compreender vosso julgamento e vossas leis; porque qualquer homem, mesmo perfeito, entre os homens, não será nada, se lhe faltar a sabedoria que vem de vós.

(...) Ao lado de vós, está a sabedoria que conhece vossas obras; ela estava presente quando fizestes o mundo, ela sabe o que vos é agradável, e o que se conforma às vossas ordens. Fazei-a, pois, descer de vosso santo céu e enviai-a do trono de vossa glória, para que, junto de mim, tome parte de meus trabalhos, e para que eu saiba o que vos agrada.

Com efeito, ela sabe e conhece todas as coisas; prudentemente guiará meus passos e me protegerá no brilho de sua glória. Assim, minhas obras vos serão agradáveis (...)

Que homem, pois, pode conhecer os desígnios de Deus e penetrar nas determinações do Senhor? Tímidos são os pensamentos dos mortais, e incertas as nossas concepções, porque o corpo corruptível torna pesada a alma, e a morada terrestre oprime o espírito carregado de cuidados.

Mal podemos compreender o que está sobre a terra, dificilmente encontramos o que temos ao alcance da mão. Quem, portanto, pode descobrir o que se passa no céu? E quem conhece as vossas intenções, se não lhe dais a sabedoria, e se do mais alto dos céus, vós não lhe enviais o vosso Espírito Santo?"

Por isso, Senhor Jesus, como fez Salomão, assim hoje faço também. Peço-vos, Senhor, sabedoria para governar minha vida, meus sonhos, meus projetos. Peço-vos, Senhor, sabedoria para saber quando falar, quando calar, o que pensar, como agir. Peço-vos, Senhor, que eu me encha da vossa graça, do vosso Espírito Santo, pois sozinho(a) não sou capaz de aceitar. Conto, Senhor Jesus, com a graça que vem de vós. Amém.

ORAÇÃO DE DESCONTAMINAÇÃO

Louve a Santíssima Trindade, depois repita: Eu, *(nome)*, em nome de Jesus, corto de mim agora, e de toda a minha família, de todo o meu trabalho, de todos os meus relacionamentos, de toda a minha comunidade cristã, qualquer tipo de contaminação que eu recebi. Eu me lavo no sangue precioso de Jesus, com toda a minha família, minha comunidade, meu trabalho, meus relacionamentos, e proíbo o mal de nos tocar. Eu os amarro em nome de Jesus. Divino Espírito Santo, renova em mim, na minha família, na minha comunidade, no meu trabalho, nos meus relacionamentos, a tua unção, a tua força, o teu poder.

Maria Santíssima, intercede por nós. Anjos do Senhor, combate por nós. Amém!

ORAÇÃO PARA QUEBRAR MALDIÇÕES E MAGIAS

Em nome de Jesus Cristo, eu repreendo, quebro e desligo a mim, meu marido, minha esposa, meus filhos, de toda e qualquer maldição, feitiço, vexame, sedução, magia negra, azares, poderes psíquicos, fascínio, bruxaria, que tenham sido colocados sobre mim ou minha linha de família, por qualquer pessoa ou pessoas, ou por qualquer fonte de ocultismo. E ordeno a todos os espíritos relacionados com satanás que nos deixem agora e não voltem nunca mais, prostrando-se aos pés da santa cruz de Jesus Cristo, para sempre. Lavo-me no Sangue precioso de Jesus Cristo, e consagro-me a Maria Santíssima. Obrigado, Senhor Jesus, por nos ter libertado. Amém.

ORAÇÃO PODEROSA DA CRUZ DE CRISTO

— Que a cruz de Cristo esteja sobre mim.
(Faça o sinal da cruz sobre a testa.)
— Quem nela morreu responda por mim.
(Faça o sinal da cruz sobre a boca.)
— Que meus inimigos não se acheguem a mim.
(Faça o sinal da cruz sobre o peito.)
— Nem vivo, nem morto, estejam contra mim.
(Faça uma cruz grande sobre a testa, boca e peito.)

Que Deus seja louvado, o inimigo acorrentado, eu *(dizer o nome)* e toda a minha família libertados. *(Dizer esta última jaculatória três vezes.)*

ORAÇÕES PELAS ALMAS DO PURGATÓRIO

Os que morrem na graça e na amizade de Deus, mas não estão completamente purificados embora tenham garantida sua salvação eterna, passam, após sua morte, por uma purificação, a fim de obter a santidade necessária para entrar na alegria do Céu. A Igreja denomina Purgatório a essa purificação final dos eleitos, que é completamente distinta do castigo dos condenados *(Catecismo da Igreja Católica)*.

Desde o início, os cristãos oraram pelos mortos, especialmente no Santo Sacrifício da Missa. Os livros mais antigos usados na Missa continham orações pelos mortos. Muitos santos, inclusive Santa Teresa d'Ávila e Santo Tomás de Aquino, falam dos benefícios de cura para os vivos quando a Eucaristia é oferecida pelos mortos. Por isso, além de rezarmos a oração que se segue, sugiro que se participe da Missa e ofereça a Eucaristia por algum amigo, parente, irmãos ou almas de falecidos.

Oração:

Senhor Jesus, dignai-vos, pelo sangue precioso que derramastes no Jardim das Oliveiras, socorrer e livrar as almas do Purgatório, principalmente a mais desamparada. Levai-a hoje para o céu, a fim de que, unida aos Anjos e à vossa Mãe Santíssima, ela vos bendiga para sempre. Amém.

Senhor Jesus, pelo sangue precioso que derramastes durante vossa flagelação, dignai-vos socorrer e livrar as almas do Purgatório, principalmente a que em vida me fez mais benefícios. Levai-a hoje para o céu, a fim de que, unida aos Anjos e à vossa Mãe Santíssima, ela vos bendiga para sempre. Amém.

Senhor Jesus, pelo sangue precioso que derramastes durante vossa coroação de espinhos, dignai-vos socorrer e livrar as almas do Purgatório, principalmente a que mais amou a Santíssima Virgem. Levai-a hoje para o céu, a fim de que, unida aos Anjos e à vossa Mãe Santíssima, ela vos bendiga para sempre. Amém.

Senhor Jesus, pelo sangue precioso que derramastes carregando vossa cruz, dignai-vos socorrer e livrar as almas do Purgatório, principalmente a que sofre pelos maus exemplos que lhe dei. Levai-a hoje para o céu, a fim de que, unida aos Anjos e à vossa Mãe Santíssima, ela vos bendiga para sempre. Amém.

Senhor Jesus, pelos merecimentos do sangue precioso contido no cálice que apresentastes aos vossos apóstolos depois da Ceia, dignai-vos socorrer e livrar as almas do Purgatório, principalmente a que foi mais fervorosa com o Santíssimo Sacramento do Altar. Levai-a hoje para o céu, a fim de que, unida aos Anjos e à vossa Mãe Santíssima, ela vos bendiga para sempre. Amém.

Senhor Jesus, pelos méritos do sangue precioso que emanou de vossas chagas, dignai-vos socorrer e livrar as almas do Purgatório, principalmente aquela a quem me confiastes na terra. Levai-a hoje para o céu, a fim de que, unida aos Anjos e à vossa Mãe Santíssima, ela vos bendiga para sempre. Amém.

Senhor Jesus, pelos méritos do sangue precioso que saiu do vosso Sagrado Coração, dignai-vos socorrer e livrar as almas do Purgatório, principalmente a que mais propagou o culto do vosso Sacratíssimo Coração. Levai-a hoje para o céu, a fim de que, unida aos Anjos e à vossa Mãe Santíssima, ela vos bendiga para sempre. Amém.

Senhor Jesus, pelos merecimentos de vossa adorável resignação sobre a Cruz, dignai-vos socorrer e livrar as almas do Purgatório, principalmente a que mais padece por minha causa. Levai-a hoje para o céu, a fim de que, unida aos Anjos e à vossa Mãe Santíssima, ela vos bendiga para sempre. Amém.

Senhor Jesus, pelos méritos das lágrimas que a Santa Virgem derramou aos pés de vossa cruz, dignai-vos socorrer e livrar as almas do Purgatório, principalmente a que vos é mais cara. Levai-a hoje para o céu, a fim de que, unida aos Anjos e à vossa Mãe Santíssima, ela vos bendiga para sempre. Amém.

Ó Deus, que concedeis o perdão dos pecados e quereis a salvação dos homens, imploramos vossa clemência para que, pela intercessão da Bem-aventurada Virgem Maria e de todos os santos, façais que cheguem a participar da eterna bem-aventurança todos os nossos irmãos, parentes e amigos que passaram desta vida para outra, por Cristo, nosso Senhor. Amém

ORAÇÃO DA ALMA DE CRISTO
(Pode ser também rezada após a Comunhão)
Alma de Cristo, santificai-me.
Corpo de Cristo, salvai-me.
Sangue de Cristo, inebriai-me.

Água do lado de Cristo, lavai-me.
Paixão de Cristo, confortai-me.
Ó bom Jesus, ouvi-me.
Dentro de vossas chagas, escondei-me.
Não permitais que me separe de vós.
Do espírito maligno, defendei-me.

Na hora da morte, chamai-me e mandai-me ir para vós, para que com os vossos Santos vos louve por todos os séculos dos séculos. Amém.

ORAÇÃO DE RENÚNCIA I

Em teu nome, Senhor Jesus, eu renuncio a todo pecado.

Renuncio a satanás, a suas seduções, mentiras e promessas.

Renuncio a qualquer ídolo e a toda idolatria.

Renuncio a minha intransigência em perdoar, renego o ódio, o egoísmo e a arrogância.

Renuncio a tudo o que me faz esquecer a vontade de Deus Pai.

Afasto de mim a preguiça e o bloqueio

psíquico, a fim de que tu possas entrar em meu ser.

E, renunciando a todo mal, contaminação, bloqueios, eu me consagro neste dia completamente a teu amor, Senhor Jesus. Eu me coloco em tuas mãos e me entrego completamente a tua vontade.

Ó Maria, Mãe querida, ajuda-me a esmagar a cabeça de satanás! Amém e Amém.

Rezar a Oração do Espírito Santo, pedindo que Ele derrame sobre seu coração e sua vida seus frutos e dons: Vinde, Espírito Santo, enchei os corações dos vossos fiéis...

ORAÇÃO DE RENÚNCIA II

Senhor, queremos te louvar, bendizer e adorar o teu santo nome. E agradecemos, Senhor, por toda a ação de teu Espírito Santo trabalhando a tua Palavra em nosso coração.

Hoje, queremos renunciar, na tua presença, a todo falso caminho que trilhamos no passado, buscando verdade, buscando salvação, buscando Deus.

Tem piedade de nós, de nossa ignorância, Senhor. Tem compaixão de nós. E em nome de Jesus, no poder de seu Sangue, renunciamos a todos os nossos pecados, renunciamos a tudo o que nos afasta do amor a Deus e aos irmãos.

Renunciamos a todo pacto ou aliança que nós ou membros de nossa família, ou mesmo nossos antepassados, possamos ter feito com o mal e com as obras ligadas ao mal.

Renunciamos a toda busca de conhecimento ou poder espiritual fora da verdade revelada por Deus em Jesus Cristo, na sua Palavra.

Em nome de Jesus Cristo, renunciamos a satanás, a suas obras e seduções. Em nome de Jesus, assumimos a fé de nosso batismo e professamos Jesus Cristo, morto por nossos pecados e ressuscitado para nossa salvação, como nosso único Senhor e Salvador.

Queremos viver para amá-lo e servi-lo todos os dias de nossa vida. E nós te louvamos, Senhor, porque finalmente encontramos o único caminho que nos conduz ao Pai. Nós te encontramos, Jesus! E agora queremos segui-te.

Queremos viver a tua verdade. Queremos ter a tua vida, em plenitude. Vem, Senhor Jesus, vem! Amém e amém.

Rezar a Oração do Espírito Santo, pedindo que Ele derrame sobre seu coração e sua vida seus frutos e dons: Vinde, Espírito Santo, enchei os corações dos vossos fiéis...

ORAÇÃO PARA CORTAR LAÇOS DE HEREDITARIEDADE

Em nome de Jesus Cristo, eu agora renuncio, quebro, desligo a mim e meus filhos (cônjuge) de toda hereditariedade psíquica, prisões demoníacas, poderes psíquicos, dependências, cativeiros, doenças físicas ou mentais, ou maldições sobre mim e minha linha de família, como resultado dos pecados, transgressões, iniquidades, ocultismo ou envolvimento psíquico de minha parte, da parte de meus pais ou de qualquer de meus ancestrais, ou de meu cônjuge, de seus pais ou de qualquer de seus ancestrais.

E nos consagro agora ao Sangue precioso de Jesus Cristo derramado na cruz para nossa salvação e libertação. Consagro-nos também à Imaculada intercessão de Maria Santíssima e aos anjos do Senhor.

Obrigado, Senhor Jesus, por ter-me libertado.

Rezar a Oração do Espírito Santo, pedindo que Ele derrame sobre seu coração e sua vida seus frutos e dons: Vinde, Espírito Santo, enchei os corações dos vossos fiéis...

ORAÇÃO PARA CORTAR DEPENDÊNCIAS NEGATIVAS

Em nome de Jesus Cristo, eu agora renuncio, quebro e desligo a mim mesmo de toda sujeição demoníaca, de toda dependência negativa de meus pais, de meu cônjuge, avós ou quaisquer outros seres humanos, vivos e mortos, que, no passado ou agora, de alguma forma me dominaram ou controlaram de maneira contrária à vontade de Deus.

Corto de mim agora, na presença viva de Jesus Eucarístico, toda a minha tendência à dependência de qualquer ser humano ou situação. Coloco minha vida nas tuas mãos ensanguentadas Senhor Jesus, e não me submeto a nenhuma dominação humana ou maligna, pois somente a ti me prendo e somente a ti obedeço e sigo.

Agradeço, Senhor Jesus, por libertar-me. Arrependo-me também e peço que me perdoeis se a alguém dominei ou controlei de forma errada. Comprometo-me a não ser canal de pecado ou dominação de qualquer pessoa que seja, pois todas são livres na presença de Jesus. Amém.

Rezar a Oração do Espírito Santo, pedindo que Ele derrame sobre seu coração e sua vida seus frutos e dons: Vinde, Espírito Santo, enchei os corações dos vossos fiéis...

ORAÇÃO DE LIBERTAÇÃO E CURA

Vinde, Espírito Santo, penetrai as profundezas da minha alma com o vosso amor e o vosso poder. Arrancai as raízes mais profundas e ocultas da dor e do pecado que estão enterradas em mim.

Lavai-me no precioso Sangue de Jesus e aniquilai definitivamente toda ansiedade que trago em mim, toda amargura, angústia, sofrimento interior, desgaste emocional, infelicidade, carência, tristeza, ira, desespero, inveja, ódio e vingança, sentimento de culpa e de auto-acusação, desejo de morte e de fuga de mim mesmo, toda opressão do maligno na minha alma, no meu corpo, toda insídia que ele coloca em minha mente.

Ó bendito Espírito Santo, queimai com o vosso fogo abrasador toda treva instalada dentro de mim, que me consome e impede de ser feliz.

Destruí em mim todas as consequências dos meus pecados e dos pecados dos meus ancestrais, que se manifestam nas minhas atitudes, decisões, temperamento, palavras, vícios.

Libertai, Senhor, toda a minha descendência da herança de pecado e rebelião às coisas de Deus que eu próprio lhe transmiti.

Vinde, Santo Espírito! Vinde, em nome de Jesus! Lavai-me no Sangue precioso de Jesus, purificai todo o meu ser, quebrai toda a dureza do meu coração, destruí todas as barreiras de ressentimento, mágoa, rancor, egoísmo, maldade, orgulho, soberba, intolerância, preconceitos e incredulidade que existem em mim. E, no poder de Jesus Cristo ressuscitado, libertai-me, Senhor! Curai-me, Senhor! Tende piedade de mim, Senhor!

Vinde, Santo Espírito! Fazei-me ressuscitar agora para uma vida nova, plena do vosso amor, alegria, paz e plenitude.

Creio que estais fazendo isto em mim agora e assumo pela fé a minha libertação, cura e salvação em Jesus Cristo, meu Salvador.

Glórias a vós, meu Deus! Bendito sejais para sempre! Louvado sejais, ó meu Deus! Em nome de Jesus e por Maria nossa Mãe. Amém e amém.

Rezar a Oração do Espírito Santo, pedindo que Ele derrame sobre seu coração e sua vida seus frutos e dons: Vinde, Espírito Santo, enchei os corações dos vossos fiéis...

AS QUINZE ORAÇÕES
(Em honra das Santas Chagas de Jesus)
Início: Sinal da cruz...
Oração ao Espírito Santo: Vinde, Espírito Santo, enchei os corações dos vossos fiéis...

Primeira oração *(pelos sacerdotes, freiras e religiosos militantes)*
— Pai-nosso, Ave-Maria.

Ó Jesus Cristo, doçura eterna para aqueles que vos amam, alegria que ultrapassa toda a alegria e todo o desejo, esperança de salvação dos pecadores, que declarastes não terdes maior contentamento do que estar entre os homens, até ao ponto de assumir a nossa natureza, na plenitude dos tempos, por amor deles, lembrai-vos dos sofrimentos, desde o primeiro instante de vossa Conceição e, sobretudo durante a vossa Santa Paixão, assim como havia sido decretado e estabelecido desde toda a eternidade na mente divina. Lembrai-vos, Senhor, que, celebrando a Ceia com os vossos discípulos, depois de lhes haverdes lavado os pés, destes-lhes o vosso Sagrado Corpo e precioso Sangue, e consolando-os docemente lhes predissestes a vossa Paixão iminente. Lembrai-vos da tristeza e da amargura que experimentastes em vossa alma, como o testemunhastes vós mesmo por estas palavras: "Minha alma está triste até à morte". Lembrai-vos, Senhor, dos temores, angústias e dores que suportastes em vosso corpo delicado antes do suplício da cruz, quando, depois de ter rezado por três vezes, derramando um suor de sangue, fostes traído por Judas, vosso discípulo, preso pela nação que escolhestes, acusado por testemunhas falsas, injustamente julgado por três juízes, na flor da vossa juventude e no tempo solene de Páscoa. Lembrai-vos que fostes despojado das vossas próprias vestes e revestido das vestes de irrisão; que vos velaram os olhos e a face, que vos deram bofetadas, que vos coroaram de espinhos, que vos puseram uma cana na mão e que, atado a uma coluna, fostes despedaçado por golpes e acabrunhado de afrontas e ultrajes. Em memória dessas penas e dores que suportastes antes da vossa Paixão sobre a cruz, concedei-me, antes da morte, uma verdadeira contrição, a oportunidade de me confessar com pureza de intenção e sinceridade absoluta, uma adequada satisfação e a remissão de todos os meus pecados. Assim seja.

Segunda oração *(pelos trabalhadores em geral)*

— Pai-nosso, Ave-Maria.

Ó Jesus, verdadeira liberdade dos Anjos, paraíso de delícias, lembrai-vos do peso acabrunhador da tristeza que suportastes, quando os vossos inimigos, quais leões furiosos, cercaram-vos, e por meio de mil injúrias, escarros, bofetadas, arranhões e outros inauditos suplícios, atormentaram-vos à porfia. Em consideração desses insultos e desses tormentos, eu vos suplico, ó meu Salvador, que vos digneis libertar-me dos meus inimigos visíveis e invisíveis e fazer-me chegar, com o vosso auxílio, à perfeição da salvação eterna. Assim seja.

Terceira oração *(pelos presos)*

— Pai-nosso, Ave-Maria.

Ó Jesus, Criador do céu e da terra, a quem coisa alguma pode conter ou limitar, que tudo abarcais e tendes tudo sob o vosso poder, lembrai-vos da dor, repleta de amargura, que experimentastes quando os soldados, pregando na cruz as vossas sagradas mãos e os vossos pés tão delicados traspassaram-nos com grandes e rombudos cravos e não vos encontrando no estado em que teriam desejado, para dar largas à sua cólera, dilataram as vossas chagas, exacerbando assim as vossas dores. Depois, por uma crueldade inaudita, estenderam-vos sobre a cruz e vos viraram de todos os lados, deslocando, assim, os vossos membros. Eu vos suplico, pela lembrança desta dor que suportastes na cruz com tanta santidade e mansidão, que vos digneis conceder-me o vosso temor e o vosso amor. Assim seja.

Quarta oração *(pelos doentes)*
— Pai-nosso, Ave-Maria.
Ó Jesus, médico celeste, que fostes elevado na cruz a fim de curar as nossas chagas por meio das vossas, lembrai-vos do abatimento

em que vos encontrastes e das contusões que vos infligiram nos vossos sagrados membros, dos quais nenhum permaneceu em seu lugar, de tal modo que dor alguma poderia ser comparada à vossa. Da planta dos pés até o alto da cabeça nenhuma parte do vosso corpo esteve isenta de tormentos; e, entretanto, esquecido dos vossos sofrimentos, não vos cansastes de suplicar ao vosso Pai pelos inimigos que vos cercavam, dizendo-lhe: "Pai, perdoai-lhes, porque não sabem o que fazem". Por esta grande misericórdia e em memória desta dor, fazei com que a lembrança da vossa Paixão, tão impregnada de amargura, opere em mim uma perfeita contrição e a remissão de todos os meus pecados. Assim seja.

Quinta oração (*pelos funcionários dos hospitais*)

— Pai-nosso, Ave-Maria.

Ó Jesus, espelho do esplendor eterno, lembrai-vos da tristeza que sentistes, quando, contemplando à luz da vossa divindade a predestinação daqueles que deviam ser salvos pelos méritos da vossa santa Paixão, contemplastes, ao mesmo tempo, a multidão dos réprobos que deviam ser condenados por causa de seus pecados e lastimastes amargamente a sorte desses infelizes pecadores, perdidos e desesperados. Por este abismo de compaixão e de piedade e, principalmente, pela bondade que manifestastes ao bom ladrão, dizendo-lhe: "Hoje estarás comigo no paraíso", eu vos suplico, ó doce Jesus, que na hora da minha morte, useis de misericórdia para comigo. Assim seja.

Sexta oração (pelas famílias)
— Pai-nosso, Ave-Maria.

Ó Jesus, Rei amável e todo desejável, lembrai-vos da dor que experimentastes quando, nu e como um miserável, pregado e levantado na cruz, fostes abandonado por todos os vossos parentes e amigos, com exceção da vossa Mãe bem-amada, que permaneceu, em companhia de São João, muito fielmente junto de vós na Agonia; lembrai-vos de que os entregastes um ao outro, dizendo: "Mulher, eis aí o teu filho!" e a João: "Eis aí a tua Mãe!" Eu vos suplico, ó meu Salvador, pela espada de dor que então traspassou a alma da vossa santa Mãe, que tenhais compaixão de mim em todas as minhas angústias e tribulações, tanto corporais como espirituais e que vos digneis assistir-me nas provações que me sobrevierem, sobretudo na hora da minha morte. Assim seja.

Sétima oração *(contra a luxúria)*
— Pai-nosso, Ave-Maria.
Ó Jesus, fonte inexaurível de piedade que, por uma profunda ternura de amor, dissestes sobre a Cruz: "Tenho sede!", mas, sede da salvação do gênero humano. Eu vos suplico, ó meu Salvador, que vos digneis estimular o desejo que meu coração experimenta de tender à perfeição em todas as minhas obras e

extinguir, por completo, em mim, a concupiscência carnal e o ardor dos desejos mundanos. Assim seja.

Oitava oração *(pelas crianças e jovens)*
— Pai-nosso, Ave-Maria.
Ó Jesus, doçura dos corações, suavidade dos espíritos, pelo amargo sabor do fel e do vinagre que provastes sobre a cruz por amor de todos nós, concedei-me a graça de receber dignamente o vosso Corpo e o vosso preciosíssimo Sangue durante a minha vida e na hora da minha morte, a fim de que sirvam de remédio e de consolo para a minha alma. Assim seja.

Nona oração *(pelos agonizantes espirituais)*
— Pai-nosso, Ave-Maria.
Ó Jesus, virtude real, alegria do espírito, lembrai-vos da dor que suportastes, quando, mergulhado na amargura ao sentir aproximar-se a morte, insultado e ultrajado pelos

homens, julgastes haver sido abandonado pelo vosso Pai, dizendo-lhe: "Meu Deus, meu Deus, por que me abandonaste?" Por essa angústia eu vos suplico, ó meu Salvador, que não me abandoneis nas aflições e nas dores da morte. Assim seja.

Décima oração *(pelos sofredores em geral)*
— Pai-nosso, Ave-Maria.

Ó Jesus, que sois em todas as coisas começo e fim, vida e virtude, lembrai-vos de que por nós fostes mergulhado num abismo de dores, da planta dos pés até o alto da cabeça. Em consideração da extensão das vossas chagas, ensinai-me a guardar os vossos mandamentos, mediante uma sincera caridade, mandamentos esses que são caminho espaçoso e agradável para aqueles que vos amam. Assim seja.

Décima primeira oração *(pelos pecadores de todo o mundo)*
— Pai-nosso, Ave-Maria.

Ó Jesus, profundíssimo abismo de misericórdia, suplico-vos, em memória das vossas chagas que penetraram até a medula dos vossos ossos e atingiram até as vossas entranhas, que vos digneis afastar esse pobre pecador do lodaçal de ofensas em que está submerso, conduzindo-o para longe do pecado. Suplico-vos também esconder-me da vossa Face irritada, ocultando-me dentro das vossas chagas até que a vossa cólera e a vossa justa indignação tenham passado. Assim seja.

Décima segunda oração *(por todas as Igrejas)*
— Pai-nosso, Ave-Maria.
Ó Jesus, espelho de verdade, sinal de unidade, laço de caridade, lembrai-vos dos inumeráveis ferimentos que recebestes, desde a cabeça até os pés, ao ponto de ficardes dilacerado e coberto pela púrpura do vosso sangue adorável. Ó, quão grande e universal foi a dor que sofrestes em vossa carne virginal por

nosso amor! Dulcíssimo Jesus, que poderíeis fazer por nós que não o houvésseis feito? Eu vos suplico, ó meu Salvador, que vos digneis imprimir, com o vosso precioso Sangue, todas as vossas chagas no meu coração, a fim de que eu relembre, sem cessar, as vossas dores e o vosso amor. Que pela fiel lembrança da vossa Paixão, o fruto dos vossos sofrimentos seja renovado em minha alma e que vosso amor vá crescendo em mim cada dia mais, até que eu me encontre finalmente convosco, que sois o tesouro de todos os bens e a fonte de todas as alegrias. Ó dulcíssimo Jesus, concedei-me poder gozar de semelhante ventura na vida eterna. Assim seja.

Décima terceira oração *(pelos profetas atuais)*

— Pai-nosso, Ave-Maria.

Ó Jesus, fortíssimo Leão, rei imortal e invencível, lembrai-vos da dor que vos acabrunhou quando sentistes esgotadas todas as vossas forças, tanto do coração como do corpo e inclinastes a cabeça, dizendo: "Tudo está consumado!" Por esta angústia e por esta dor, eu vos suplico, Senhor Jesus, que tenhais piedade de mim quando soar a minha última hora e a minha alma estiver amargurada e o meu espírito cheio de aflição. Assim seja.

Décima quarta oração (*pelos políticos e governantes*)
— Pai-nosso, Ave-Maria.
Ó Jesus, Filho Único do Pai, esplendor e imagem da sua substância, lembrai-vos da humilde recomendação que lhe dirigistes, dizendo: "Meu Pai, nas vossas mãos entrego o meu espírito!" Depois expirastes, estando o vosso corpo despedaçado, o vosso coração traspassado e as entranhas da vossa misericórdia abertas para resgatar-nos! Por esta preciosa morte, eu vos suplico, ó Rei dos Santos, que me deis força e me socorrais para resistir ao demônio, à carne e ao sangue, a fim de que,

estando morto para o mundo, eu possa viver somente em vós. Na hora da minha morte, recebei, eu vos peço, a minha alma peregrina e exilada, que retorna para vós. Assim seja.

Décima quinta oração *(pelo Papa)*
— Pai-nosso, Ave-Maria.

Ó Jesus, vide verdadeira e fecunda, lembrai-vos da abundante efusão de sangue que tão generosamente derramastes do vosso sagrado corpo, assim com a uva é triturada no lagar. Do vosso lado, aberto pela lança de um dos soldados, jorraram sangue e água, de tal modo que não retivestes uma gota sequer; e, enfim, como um ramalhete de mirra, elevado na cruz, a vossa carne delicada se aniquilou, feneceu o humor das vossas entranhas e secou a medula dos vossos ossos. Por esta tão amarga Paixão e pela efusão do vosso precioso Sangue, eu vos suplico, ó bom Jesus, que recebais minha alma quando eu estiver na agonia. Assim seja.

Oração final: Ó doce Jesus, vulnerai o meu coração a fim de que as lágrimas de arrependimento, de compunção e de amor, noite e dia, sirvam-me de alimento; convertei-me inteiramente a vós; que o meu coração vos sirva de perpétua habitação; que a minha conduta vos seja agradável e que o fim da minha vida seja de tal modo edificante que eu possa ser admitido no vosso paraíso, onde, com todos os vossos Santos, hei de vos louvar para sempre. Assim seja.

ORAÇÃO À SAGRADA FACE

Ó meu Jesus, lançai sobre nós um olhar de misericórdia! Volvei vossa face para cada um de nós, como fizestes a Verônica, não para que a vejamos com os olhos corporais, pois não o merecemos. Mas volvei-a para nosso coração, a fim de que, amparados sempre em vós, possamos haurir nesta fonte inesgotável as forças necessárias para nos entregarmos ao combate que temos que sustentar. Amém.

ORAÇÃO PARA ANTES DAS REFEIÇÕES

Abençoai, Senhor, o alimento que vamos tomar para melhor vos servir e amar. Em nome do Pai, do Filho e do Espírito Santo. Amém.

ATO DE ADORAÇÃO A JESUS ÀS TRÊS HORAS

Eu vos adoro, meu Salvador Jesus Cristo, expirando na cruz pelo vosso amor: eu vos dou graças por me terdes resgatado com a vossa morte. Pai eterno, eu vos ofereço o vosso amado Filho pendente na cruz, nu, chagado, transpassado de espinhos e de cravos, desfalecido, padecente a agonizante. Sim, ó meu Deus, é o vosso amado Filho que vos ofereço neste lastimoso estado; recebei o seu Sacrifício; aceitai a oferenda que vos faço. É meu resgate, é o sangue de um Deus, é a morte de um Deus, é o próprio Deus que vos ofereço para pagamento e satisfação das minhas dúvidas. Eu vo-lo ofereço também para alívio das almas do purgatório, dos aflitos, enfermos e agonizantes; pela conversão dos pecadores, pela perseverança dos justos e para vos pedir a graça de uma santa vida e de uma boa morte. Amém.

ORAÇÃO PARA A LIBERTAÇÃO DO DESCONTROLE FINANCEIRO
(Rezar várias vezes.)

Senhor Jesus, tudo o que tenho nesta vida recebi da infinita bondade do Pai. Toda a minha inteligência, a minha família, os meus amigos, os meus bens, tudo o que usufruo é presente de vossa Misericórdia.

Sou pecador, meus antepassados também foram, e sei Jesus que muitos nem vos conheceram antes de falecer. Alguns até vos renegaram. Por isso, no meu nome e no nome dos meus antepassados, peço perdão por todas as vezes que o descontrole financeiro reinou entre os meus familiares, e também peço perdão, Senhor, por esta situação que agora vivo de grande descontrole financeiro, e que não me permiti viver na retidão de filho de Deus.

Senhor Jesus, somente com vossa graça, vosso perdão e vosso poder, posso resolver esta situação e voltar a ter paz. Peço-vos, Senhor, que mais uma vez me ajude. Peço-vos que me ajude a errar menos. Peço-vos que com vossa graça abra o caminho para que eu com honestidade resolva estes problemas e possa gozar de alegria e paz, juntamente com a minha família.

Tende piedade de mim Jesus, e libertai-me deste peso que tem dominado a minha vida e a minha família. Libertai-nos deste descontrole financeiro. E com a vossa misericórdia providencie os meios legais para que possamos viver com justiça e dignidade de filhos de Deus.

Clamo, Senhor Jesus, a vossa bênção sobre os meus antepassados, sobre mim, a minha geração futura e toda a minha família. Peço-vos que corteis agora toda maldição de descontrole financeiro, e que possamos ainda nesta vida gozar da providência plena de Deus. Amém.

(Reze um Pai-nosso e três Ave-Marias.)

ORAÇÃO PARA ANTES DO TRABALHO

Abençoai, Pai celeste, o trabalho (ou estudo) que estou para iniciar; que o vosso Espírito Santo me ilumine, inspire e oriente e a vossa graça me ajude a tudo realizar em espírito de amor e serviço, para honra e glória do vosso nome e pelo bem dos meus irmãos. Maria, Mãe de Jesus e minha Mãe, intercedei por mim. Amém.

Santos

ORAÇÃO A SÃO JOSÉ

Ó glorioso São José, a quem foi dado o poder de tornar possíveis as coisas humanamente impossíveis, vinde em nosso auxílio nas dificuldades em que nos achamos. Tomai sob a vossa proteção a causa que vos confiamos, para que tenha uma solução favorável.

Ó Pai muito amado, em vós depositamos toda a nossa confiança. Que ninguém possa jamais dizer que vos invocamos em vão. Já que tudo podeis junto a Jesus e Maria, mostrai-nos que vossa bondade é igual ao vosso poder.

Que o vosso exemplo me acompanhe em todos os momentos: florescer onde a vontade do Pai me colocou; saber esperar, entregar-me sem reservas, até que a tristeza e a alegria dos outros sejam a minha própria tristeza e a minha própria alegria.

São José, a quem Deus confiou o cuidado da mais santa família, sede o pai e protetor da nossa e impetrai-nos a graça de vivermos e morrermos no amor de Jesus e Maria.

São José do perpétuo socorro, rogai por nós, que recorremos a vós. Amém.

ORAÇÃO DE SANTA EDWIGES

Vós, Santa Edwiges, que fostes na terra amparo dos pobres e desvalidos e socorro dos endividados, no céu onde gozais o eterno prêmio de caridade que praticastes, confiante vos peço, sede a minha advogada para que de Deus eu obtenha a graça *(dizer a graça que se pretende)* e por fim a graça suprema da salvação eterna.

Santa Edwiges, rogai por nós.

ORAÇÃO DE SÃO FRANCISCO

Senhor, fazei-me instrumento da vossa paz! Onde houver ódio, que eu leve o amor. Onde houver discórdia, que eu leve a união. Onde houver ofensa, que eu leve o perdão.

Onde houver dúvida, que eu leve a fé. Onde houver desespero, que eu leve a esperança. Onde houver tristeza, que eu leve a alegria. Onde houver trevas, que eu leve a luz.

Mestre, fazei que eu procure mais consolar que ser consolado; compreender que ser compreendido; amar que ser amado. Pois é dando que se recebe; é perdoando que se é perdoado; e é morrendo que se vive para a vida eterna!

COROINHA DE SANTA FILOMENA

(Entre as muitas graças que se pode pedir a Santa Filomena, recebi várias graças quando orei por mulheres com problemas para engravidar.)

Modo de rezar a coroa:

Rezar um Credo; três Pai-nossos à Santíssima Trindade em honra de sua pureza; treze

Ave-Marias, em honra dos treze anos em que viveu, e entre cada Ave-Maria rezar: Santa Filomena, pelo sangue que derramastes por amor a Jesus Cristo, alcançai-me a graça que vos peço. Rezar também a oração, a ladainha e uma Salve-Rainha.

ORAÇÃO A SANTA FILOMENA

Ó Gloriosa Virgem e Mártir, Santa Filomena, que do Céu onde reinas, comprazeis-vos em fazer cair sobre a Terra benefícios sem conta, eis-me aqui prostrado a vossos pés para implorar-vos socorro para minhas necessidades que tanto me afligem.

Vós, que sois tão poderosa junto a Jesus, como provam os inumeráveis prodígios que se operam por toda a parte onde sois invocada e honrada. Alegro-me ao ver-vos tão grande, tão pura, tão santa, tão gloriosamente recompensada no céu e na terra. Atraído por vossos exemplos à prática de sólidas virtudes e cheio de esperança à vista das recompensas concedidas a vossos merecimentos, eu me proponho vos imitar pela fuga do pecado e pelo perfeito cumprimento dos mandamentos do Senhor.

Ajudai-me, pois, ó grande e poderosa santinha, nesta hora tão angustiante em que me encontro, alcançando-me a graça *(dizer a graça)* e sobretudo uma pureza inviolável, uma fortaleza capaz de resistir a todas as tentações, uma generosidade que não recuse a Deus nenhum sacrifício e um amor forte como a morte pela fé em Jesus Cristo, uma grande devoção e amor a Maria Santíssima e ao Santo Padre, e ainda a graça de viver santamente a fé para um dia estar contigo no céu para toda a eternidade.

Assim Seja. Amém.

LADAINHA DE SANTA FILOMENA
(Composta por Santo Cura D'ars, São João Batista Maria Vianney)

Senhor, tende piedade de nós.

Jesus Cristo, tende piedade nós.
Senhor, tende piedade de nós.
Jesus Cristo, ouvi-nos.
Jesus Cristo, atendei-nos.
Pai Celeste, que sois Deus, tende piedade de nós.
Filho de Deus, Redentor do Mundo, tende piedade de nós.
Espírito Santo, que sois Deus, tende piedade de nós.
Trindade Santa, que sois um só Deus, tende piedade de nós.
Santa Maria, Rainha das Virgens, Rogai por nós.
Santa Filomena, cheia de abundantes graças desde o berço.
Santa Filomena, fiel imitadora de Maria.
Santa Filomena, modelo das Virgens.
Santa Filomena, templo da perfeita humildade.
Santa Filomena, abrasada no zelo da glória de Deus.

Santa Filomena, exemplo de força e de perseverança.

Santa Filomena, espelho das mais heroicas virtudes.

Santa Filomena, firme intrépida em face dos tormentos.

Santa Filomena, flagelada como o vosso Divino Esposo.

Santa Filomena, que preferistes as humilhações da morte aos esplendores do trono.

Santa Filomena, que convertestes as testemunhas do vosso martírio.

Santa Filomena, que cansastes o furor dos algozes.

Santa Filomena, protetora dos inocentes.

Santa Filomena, padroeira da juventude.

Santa Filomena, asilo dos desgraçados.

Santa Filomena, saúde dos doentes e enfermos.

Santa Filomena, nova luz da Igreja peregrina.

Santa Filomena, que confundia a impiedade do século.

Santa Filomena, cujo nome é glorioso no céu e formidável para o inferno.

Santa Filomena, ilustre pelos mais esplêndidos milagres.

Santa Filomena, poderosa junto de Deus.

Santa Filomena, que reinais na glória.

Cordeiro de Deus, que tirais o pecado do mundo, perdoai-nos, Senhor.

Cordeiro de Deus, que tirais o pecado do mundo, ouvi-nos, Senhor.

Cordeiro de Deus, que tirais o pecado do mundo, tende piedade de nós.

Rogai por nós Santa Filomena, para que sejamos dignos das promessas de Jesus Cristo.

Nós vos suplicamos, Senhor, que nos concedais o perdão dos nossos pecados pela intercessão de Santa Filomena, Virgem e Mártir, que foi sempre agradável aos vossos olhos e pela sua eminente castidade, exercício de todas as virtudes.

Santa Filomena, rogai por nós. *(Três vezes)*

SÃO PEREGRINO

(Patrono dos que sofrem de câncer — Festa: 5 de maio)

Glorioso santo, que obedecendo a voz da graça, renunciastes generosamente às vaidades do mundo, para dedicar-vos ao serviço de Deus, de Maria Santíssima e da salvação das almas, fazei que nós também, desprezando os falsos prazeres da terra, imitemos o vosso espírito de penitência e mortificação.

São Peregrino, afastai de nós a terrível enfermidade, preservai-nos a todos nós deste mal, com a vossa valiosa proteção. São Peregrino, livrai-nos do câncer do corpo e ajudai-nos a vencer o pecado, que é o câncer da alma. São Peregrino, socorrei-nos, pelos méritos de Jesus Cristo, nosso Senhor.

Da mesma forma que fostes curado pelo Senhor, pedimos pela sua intercessão que o bom Deus possa escutar as nossas súplicas neste momento de grande aflição. Ajudai-nos, também, São Peregrino, a ser cada dia mais santo e mais próximo de Deus e de seu Filho Jesus. Amém.

Orações pela Família

ORAÇÃO DA SAGRADA FAMÍLIA

Ó Sagrada Família de Nazaré, ensinai-nos o recolhimento, a interioridade; dai-nos a disposição de ouvir as boas inspirações e as palavras dos verdadeiros mestres; ensinai-nos a necessidade do trabalho de preparação, de estudo, da vida interior pessoal, da oração, que só Deus vê secretamente; ensinai-nos o que é família, sua comunhão de amor, sua beleza simples e austera, seu caráter sagrado e inviolável.

Deus Pai, nós vos pedimos por nossa família. Queremos ser vossa pequena Igreja doméstica e que nosso lar reflita o amor com que nos criastes, livre e fortalecido. Ajudai-nos a nos manter unidos e a viver nossa fé comum nesta sociedade que não favorece os valores familiares.

Que nos amemos cada dia mais, sabendo compartilhar, com generosidade, os bens materiais e espirituais. Ensinai-nos a crescer na santidade de vida.

Que os mais velhos saibam dar bom exemplo no cumprimento de nossos deveres cristãos. E que os mais jovens aprendam a viver no amor e a descobrir sua própria vocação na vida.

Dai-nos força para viver um amor incansável, sendo solidários com outras famílias necessitadas de pão, justiça, amor e compreensão.

Virgem Maria, Mãe da Igreja, protegei-nos e dai-nos o amor com que Cristo nos amou. Amém.

ORAÇÃO DO(A) SOLTEIRO(A) QUE ESPERA SUA(SEU) AMADA(O)

Pai, Paizinho querido, Pai, que sempre cuidas dos teus filhos. Eu te agradeço hoje o teu amor por mim, que ultrapassa todo o meu entendimento, querendo cuidar desde as maiores coisas até os mais pequeninos detalhes na minha vida.

Eu te agradeço por todas as tuas promessas de riqueza, abundância e vitória dadas para mim na tua Palavra. Por isso, eu te apresento o desejo do meu coração de encontrar uma companhia adequada para viver o sacramento do matrimônio.

Pai, em nome de Jesus, se for do teu agrado, que eu constitua uma família cristã, cheia da tua graça, testemunhando o teu poder a outros; como a Família de Nazaré, concede-me o companheiro(a) de que preciso para isso. Dou-te permissão para escolheres para mim, porque tu nunca te enganas.

Onde quer que ele(a) esteja agora, peço-te abençoá-lo(a) com o teu Espírito Santo e preparares também o seu coração para o nosso encontro.

Jesus, obrigado por estares tão junto a mim neste momento, fazendo da minha oração a tua oração. Jesus, tu és o meu único

Salvador, e sei por isso que o teu plano salvífico para mim se estende a todas as áreas da minha vida, e também quando te peço um marido (esposa).

Obrigado, Senhor, Deus Pai, em nome de Jesus, pela tua resposta.

Jesus, meu primeiro amor, obrigado por me trazeres a certeza dessa resposta no coração. Amém! Peço-te abençoá-lo(a) com o teu Espírito Santo e preparares também o seu coração para o nosso encontro.

ORAÇÃO PEDINDO BÊNÇÃO PARA O NAMORO

Senhor Jesus, hoje, entrego e consagro meu namoro a ti, pedindo que eu e meu namorado(a) vivamos este tempo de conhecimento com alegria e santidade.

Conduz-nos, Senhor, pelos caminhos de tua vontade e dá-nos neste período de namoro o dom do diálogo, do amor, da castidade e do discernimento, para que vivendo bem nossa vocação cristã possamos chegar, se for da tua vontade, a constituir uma família como a família de Nazaré. Amém!

ORAÇÃO PEDINDO BÊNÇÃO PARA O NOIVADO

Senhor Jesus, assumimos uma nova etapa da nossa vida, o noivado, onde de forma mais séria e comprometida estamos preparando-nos para receber o Sacramento do Matrimônio.

Pedimos, Senhor, tua bênção e direção para, em primeiro lugar, preparar-nos bem para constituir uma família onde reinem o amor, o diálogo, a cumplicidade, a prosperidade, a fidelidade, a alegria, a fé e a paz!

Rezamos, Senhor, como rezou Padre Pio: "Fica comigo, Senhor!" E é isso que pedimos, em todos os momentos deste noivado: Fica conosco para que possamos viver apenas da tua graça e da tua vontade.

ORAÇÃO INTERCEDENDO PELO CÔNJUGE

Eu *(dizer o nome)*, consagro hoje e sempre meu(minha) esposo(a) ao coração Sagrado de Jesus e ao Imaculado coração de Maria, a fim de que ele(a) receba agora todas as bênçãos de que necessita.

Jesus e Maria, peço-vos que guardem meu esposo(a) em vossos amorosos corações e o(a) toqueis, o(a) cureis, o(a) restaureis, o(a) salveis e o(a) liberteis. Que seja restaurada a saúde do corpo e da alma, e que assim curado(a) meu(minha) esposo(a) possa ser testemunho vivo de vosso amor no mundo e principalmente em nossa família.

Louvo e agradeço a Jesus, por realizar maravilhas na vida de meu(minha) esposo(a). Amém.

ORAÇÃO DO ESPOSO A SÃO JOSÉ

São José, puro e castíssimo esposo de Maria, venho pedir-te que me ensines diariamente a ser para minha esposa um esposo segundo o coração de teu Filho Jesus.

Intercede por mim, São José, para que a teu exemplo eu possa cuidar, com amor, doação, alegria, fé e responsabilidade, de minha família.

Ensina-me a amar e respeitar minha esposa como amaste e respeitaste tua esposa Maria.

Ajuda-me, São José, a me aproximar cada dia mais de seu Filho Jesus e com Ele aprender as máximas do amor e do perdão.

Ensina-me, São José, a viver com responsabilidade, alegria e amor o sim que eu disse diante do altar, e dá-me especialmente neste dia a graça *(pedir a graça que precisar para ser melhor como esposo)* para que a teu exemplo, São José, eu possa ser fiel ao chamado do Senhor de ser esposo e pai, e constituir uma família santa como a vossa.

São José, rogai por nós.

ORAÇÃO DA ESPOSA A MARIA

Mãe Maria, consagro-me a ti neste dia e peço-te que assim como formaste Jesus, ensinando-o a falar, andar, rezar, comportar-se, a Senhora possas fazer o mesmo comigo, tua filha, que hoje suplica-te.

Intercede, Mãe de Deus e minha, para que eu seja templo do Espírito Santo e esteja repleta de teus dons: o amor, a paciência, a piedade, o acolhimento, a fidelidade, para que a cada dia eu seja para meu esposo uma ponte para que ele encontre teu Filho.

Conto com tua ajuda, Mãe de Jesus, para cumprir minha missão de esposa, e amar, perdoar, aceitar e viver bem todos os dias de nossa vida.

Mãe Maria, junto comigo, roga a Jesus que renove meu sim do altar, dando-me força e alegria para superar diariamente qualquer dificuldade e fazer muito feliz meu esposo e meus filhos. Amém.

TERÇO PELAS FAMÍLIAS

Modo de rezar. Reza-se: Creio em Deus Pai..., Pai-nosso..., três Ave-Marias.

Nas contas do Pai-nosso, reza-se: Meu Deus. eu creio, mas aumentai a minha fé.

Nas contas da Ave-Maria, reza-se: Jesus, Maria e José, a minha família vossa é.

No final, reza-se: Salve, Rainha,...

ORAÇÃO A SANTA ANA

(Oração pela santificação das famílias)

Senhora Santa Ana, fostes chamada por Deus a colaborar na salvação do mundo. Seguindo os caminhos da Providência Divina, recebestes São Joaquim por esposo. Deste vosso matrimônio, vivido em santidade, nasceu Maria Santíssima, que seria a Mãe de Jesus Cristo.

Formando vós família tão santa, confiantes nós vos pedimos por esta nossa família. Alcançai-nos a todos as graças de santidade do matrimônio e formem seus filhos segundo o Evangelho; aos Filhos desta casa, que cresçam em sabedoria, graça e santidade, e encontrem a vocação a que Deus os chamou. E a todos nós, pais e filhos, alcançai-nos a alegria de viver fielmente na Igreja de Cristo, guiados sempre pelo Espírito Santo, para que um dia após as alegrias e os sofrimentos desta vida, mereçamos também nós chegar à casa do Pai, onde possamos encontrar-vos, para juntos sermos eternamente felizes, no Cristo, pelo Espírito Santo. Amém.

ORAÇÃO DO PAPA JOÃO PAULO II PELA FAMÍLIA

Ó Deus, de quem procede toda a paternidade no céu e na terra. Pai, que és amor e vida, faze que cada família humana sobre a terra se converta, por meio de teu Filho, Jesus Cristo, nascido de mulher e mediante o Espírito Santo, fonte da caridade divina, em verdadeiro santuário da vida e do amor para as gerações que sempre se renovam.

Faze que tua graça guie os pensamentos

e as obras dos esposos para o bem de suas famílias e de todas as famílias do mundo.

Faze que as jovens gerações encontrem na família apoio para sua humanidade e para seu crescimento na verdade e no amor.

Faze que o amor reafirmado pela graça do sacramento do matrimônio se revele mais forte que qualquer debilidade e qualquer crise, pelas quais às vezes passam nossas famílias.

Faze, finalmente, por intercessão da Sagrada Família de Nazaré, que a Igreja, em todas as nações da Terra, possa cumprir frutiferamente sua missão na família e por meio da família.

Tu, que és a vida, a verdade e o amor, na unidade do Filho e do Espírito Santo. Amém.

ORAÇÃO PELOS FILHOS

Meu Deus e Senhor, sois vós o Criador e o Pai verdadeiro dos meus filhos, a vós pertencem; por isso eu vo-los ofereço, pedindo-vos que abençoeis quando os abençoo em vosso nome.

Não vos peço que lhes deis nem riqueza, nem pobreza, mas somente o que é necessário para viverem honradamente.

O que vos peço é que lhes imprimais um verdadeiro horror ao pecado, que os afasteis de todo o mal, que os preserveis do contágio do mundo, que lhes deis sentimentos nobres, cristãos, sinceridade e simplicidade, que os encheis do vosso amor.

Juntai a todas estas graças de lhes concederdes largos e prósperos anos, de que façam bom uso para vosso serviço e salvação de suas almas. Tenha eu a consolação, Senhor, de os ver em torno do meu leito, de lhes dar a última bênção e de os tornar a ver no céu na vossa companhia, por toda a eternidade. Amém.